AF603315

1911 Décembre 16

VENTE

Du Samedi 16 Décembre 1911

HOTEL DROUOT, SALLE N° 6

A DEUX HEURES

TABLEAUX MODERNES

AQUARELLES, DESSINS, PASTELS

COMMISSAIRE-PRISEUR

Me Henri BAUDOIN

Successeur de M. Paul CHEVALLIER

EXPERT

M. Jules FÉRAL

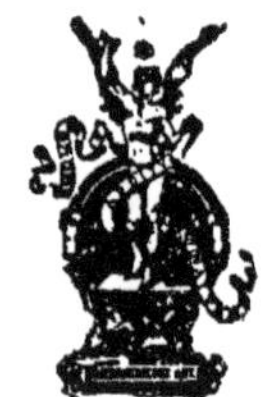

CATALOGUE

DES

Tableaux Modernes

Par :

J. BAIL, L. BARILLOT, H. BARON, F. BOGGS,
F. BONVIN, E. BOUDIN, J. BRASCASSAT, A. CHINTREUIL, E. CICÉRI,
F. CORMON, K. DAUBIGNY, E. DELACROIX, H. DELPY,
N. DIAZ, DINET, V. DUPRÉ,
A. FALGUIÈRE, J. FAUVELET, TH. FRÈRE,
G. GAGLIARDINI, GALLAND, A. GUILLAUMIN, E. HÉBERT, J. HENNER,
G. JACQUET, E. LAMBINET, J. LAURENS, E. LAVIEILLE,
A. LEBOURG, E. VAN MARCK, F. MONTENARD,
MONTICELLI, PALIZZI, A. PASINI, C. PISSARRO, ROCHEGROSSE,
F. ROYBET, F. WILLEMS, ETC.

AQUARELLES, DESSINS, PASTELS

Par :

F. BONVIN, H. DAUMIER, E. DELACROIX,
FORAIN, TH. FRÈRE, GAVARNI, H. GERVEX, H. GIACOMELLI,
H. HARPIGNIES, F. HEILBUTH,
L. HERVIER, E. HERNANDEZ, J. JACQUEMART, J. JONGKIND,
M. LALANNE, E. LAMI, L. LELOIR, L. MÉRY, G. MICHEL, J. OUVRIÉ,
PALIZZI, A. PASINI, O. TASSAERT,
TITTO LISSI, J. VEYRASSAT, VILLEGAS, J. WORMS, ETC., ETC.

Dont la Vente aura lieu à Paris

HOTEL DROUOT, SALLE N° 6

LE SAMEDI 16 DÉCEMBRE 1911

A DEUX HEURES

COMMISSAIRE-PRISEUR

Mᵉ HENRI BAUDOIN

Successeur de M. PAUL CHEVALLIER

10, rue de la Grange-Batelière

EXPERT

M. JULES FÉRAL

7, rue Saint-Georges

PARIS

EXPOSITION PUBLIQUE

Le Vendredi 15 Décembre 1911, de 2 heures à 6 heures

CONDITIONS DE LA VENTE

Elle sera faite au comptant.

Les adjudicataires paieront *dix pour cent* en sus des enchères.

Paris. — Imp. de l'Art, Ch. Berger, 41, rue de la Victoire

DÉSIGNATION

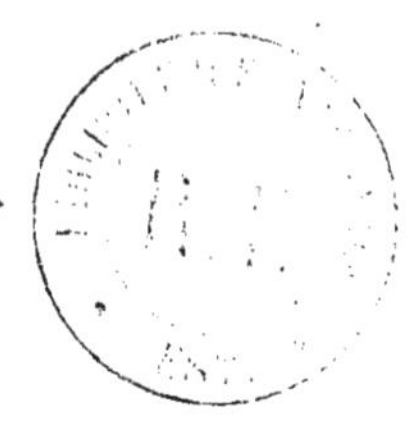

AQUARELLES, DESSINS, PASTELS

ANASTASI
(AUGUSTE)

1 — *Ruines.*

Aquarelle.
Signée à droite.

Haut., 22 cent.; larg., 33 cent.

BEAUMONT
(EDOUARD DE)

2 — *La Rencontre.*

Aquarelle.
Signée à droite

Haut., 21 cent.; larg., 16 cent.

BEAUMONT
(EDOUARD DE)

3 — « *On est venu à Fontainebleau pour travailler sérieusement.* »

Aquarelle.

Haut., 14 cent.; larg., 20 cent.

BERTON
(ARMAND)

4 — *La Communiante.*

Pastel.
Signé à gauche.

Haut., 1 m. 02 cent.; larg., 65 cent.

BONHEUR
(ROSA)

5 — *Cerfs au repos.*

Dessin au crayon noir.
Signé à droite du cachet de la vente.

Haut., 27 cent.; larg., 42 cent.

BONHEUR
(ROSA)

6 — *Études de lionnes.*

Dessin au crayon noir.
Signé à droite du cachet de la vente.

Haut., 24 cent.; larg., 43 cent.

BONVIN
(FRANÇOIS)

7 — *La Ménagère.*

Dessin au crayon noir.
Signé et daté : *1853.*

Haut., 31 cent.; larg., 22 cent.

BOUTET
(HENRI)

8 — *Une Danseuse.*

Pastel.
Signé à droite.

Haut., 33 cent.; larg., 23 cent.

CHAM
(AMÉDÉE)

9 — « *Ah Madame ! que j'entende seulement le son de votre voix !* »

« *Eh bien Monsieur ! J'ai faim !* »

Aquarelle.
Signée à droite.

Haut., 17 cent.; larg., 16 cent.

CLAUDE
(MAX)

10 — *Sur la plage de Trouville.*

Aquarelle.
Signée à gauche.

Haut., 24 cent.; larg., 34 cent.

CLAUDE
(MAX)

11 — *Vue du Château de Maisons-Laffitte.*

Aquarelle.
Signée à gauche.

Haut., 19 cent.; larg., 32 cent.

DALMAU

12 — *Danse d'Espagne.*

Pastel.
Signé à droite.

Haut., 48 cent.; larg., 31 cent.

DAUMIER
(HONORÉ)

13 — *L'Avocat.*

Aquarelle.

Haut., 17 cent.; larg., 13 cent

DELACROIX
(EUGÈNE)

14 — *Vues du Maroc.*

Quatre aquarelles, signées du cachet de la vente après décès et réunies dans le même cadre.

DEVÉRIA
(ACHILLE)

15 — *Charles IX visitant l'Amiral Coligny blessé.*

Aquarelle.
Signée à droite.

Haut., 47 cent.; larg., 36 cent.

FLAMENG
(AUGUSTE)

16 — *Plage à marée basse.*

A droite le cachet de l'atelier.
Dessin au crayon noir rehaussé de blanc.

Haut., 50 cent.; larg., 78 cent.

FORAIN

17 — *Confidences.*

Dessin au lavis d'encre de Chine et d'aquarelle.
Signé à droite.

Haut., 27 cent.; larg., 19 cent.

FRÈRE
(THÉODORE)

18 — *Cour arabe.*

Dessin au crayon noir rehaussé de blanc.
Signé à droite.

Haut., 33 cent.; larg., 24 cent.

GARAT
(FRANCIS)

19 — *La Place de la Bastille.*

Aquarelle.
Signée à droite.

Haut., 58 cent.; larg., 45 cent.

GAVARNI
(HIPPOLYTE)
(DEUX PENDANTS)

20 — *La Jeune Femme à la cigarette.*

21 — *Le Poète.*

Aquarelles.
Signées à gauche.

Haut., 19 cent.; larg., 15 cent.

GERBAULT
(H.)

22 — *La Sortie.*

Dessin à la plume et au pastel.
Signé à droite.

Haut., 37 cent.; larg., 29 cent.

GERVEX
(HENRI)

23 — *Intimité.*

Aquarelle.
Signée à droite.

Haut., 12 cent. larg., 14 cent.

GIACOMELLI
(HECTOR)
(DEUX PENDANTS)

24 — *Oiseau sur une branche.*

25 — *Oiseau sur un perchoir.*

Aquarelles.
Signées.

Haut., 20 cent.; larg., 17 cent.

HARPIGNIES
(HENRI)

26 — *Paysage avec château au bord d'un étang.*

Aquarelle.
Signé et datée : *1895.*

Haut., 14 cent.; larg., 19 cent.

HARPIGNIES
(HENRI)

27 — *Une Ferme à Magny.*

Aquarelle.
Signée et datée : *1862.*

Haut., 18 cent.; larg., 23 cent.

HARPIGNIES
(HENRI)

28 — *Paysage du Nivernais.*

Aquarelle.
Signée à droite.

Haut., 9 cent.; larg., 11 cent.

HARPIGNIES
(HENRI)

29 — *Une Allée sous bois.*

Dessin à la plume.
Signé à gauche.

Haut., 24 cent.; larg., 22 cent.

HAUPART
(M.)

30 — *L'Étang dans la plaine.*

Aquarelle.
Signée à droite.

Haut., 37 cent.; larg., 52 cent.

HAWKINS
(WELDEN)

31 — *Dans les champs.*

Aquarelle.
Signée à gauche.

Haut., 42 cent.; larg., 24 cent.

HEILBUTH
(FERDINAND)

32 — *Jeune Femme assise.*

Aquarelle.
Signée des initiales.

Haut., 29 cent.; larg., 22 cent.

HELLEU

33 — *Jeune Femme au repos.*

34 — *Jeune Femme en buste.*

Pointe sèche.

HERVIER
(LOUIS-ADOLPHE)

35 — *Une Ferme.*

— *Une Place de village.*

— *Deux Vues de marchés.*

Trois aquarelles et un dessin à la plume réunis dans le même cadre.

Signés et datés : *1853-1866-1864.*

HERNANDEZ
(E.)

36 — *La Bohémienne.*

Aquarelle.
Signée et datée : *Rome, 1880.*

Haut., 51 cent.; larg., 36 cent.

HUET
(JEAN-BAPTISTE)
XVIIIe siècle

37 — *Le Pont de bois.*

Dessin au lavis d'encre de Chine.
Signé à gauche.

Haut., 22 cent.; larg., 32 cent.

JACQUEMART
(JULES)

38 — *Une Rue à San Remo.*

A gauche le cachet de l'atelier.
Dessin à la plume.

Haut., 22 cent.; larg., 12 cent.

JONGKIND
(JEAN)

39 — *Barque de pêche échouée sur une plage.*

Aquarelle.
Signée et datée : *1862.*

Haut., 15 cent.; larg., 22 cent.

LALANNE
(MAXIME)

40 — *Les Chênes.*

Dessin au crayon noir rehaussé de blanc.
Signé à gauche.

Haut., 40 cent.; larg., 56 cent.

LALANNE
(MAXIME)

41 — *Bateaux de pêche devant une plage.*

Dessin au crayon noir.
Signé à gauche.

Haut., 19 cent.; larg., 43 cent

LAMI
(EUGÈNE)

42 — *L'Arrivée au château.*

Aquarelle.
Signée à droite et datée : *1851*.

Haut., 22 cent.; larg., 32 cent.

LEBAS
(HIPPOLYTE)

43 — *La Clairière.*

Aquarelle.
Signée à gauche.

Haut., 21 cent.; larg., 31 cent.

LELOIR
(LOUIS)

44 — *Figure de Femme.*

A gauche le cachet de l'atelier.
Dessin au crayon noir rehaussé de blanc.

Haut., 15 cent.; larg., 25 cent.

MÉRY
(LÉON)

45 — *Vue de Vineuil (Loir-et-Cher).*

Aquarelle.
Signée à gauche.

Haut., 25 cent.; larg., 17 cent

MÉRY
(LÉON)

46 — *Vue de Royan.*

Aquarelle.
Signée à gauche.

Haut., 16 cent.; larg., 25 cent.

MICHEL
(GEORGES)
(DEUX PENDANTS)

47-48 — *Les Moulins à vent.*

Fusains.

Haut., 41 cent.; larg., 52 cent.

MICHEL
(GEORGES)

49 — *Vue d'une Ville dominée par des Moulins à vent.*

Dessin au crayon noir sur papier bleu.
Signé à gauche.

Haut., 36 cent.; larg., 50 cent.

OUVRIÉ
(JUSTIN)

50 — *Vue de Florence.*

Aquarelle.
Signée et datée : *1834.*

Haut., 22 cent.; larg., 29 cent

PALIZZI

51 — *La Pêche au bord du lac.*

Aquarelle en forme d'éventail.
Signée à droite.

Haut., 30 cent.; larg., 61 cent.

PASINI
(ALBERT)

52 — *Caravane dans le Désert.*

Dessin au crayon noir.
Signé à droite et daté : *1862.*

Haut., 29 cent.; larg. 51 cent.

PIETTE
(LUDOVIC)

53 — *La Place du village.*

Gouache.
Signée à droite.

Haut., 24 cent.; larg., 33 cent.

PIROLA
(M.)
(DEUX PENDANTS)

54-55 — *Villageois espagnols.*

Aquarelles.
Signées à droite.

Haut., 21 cent.; larg., 23 cent.

RISEGARI

56 — *Une Italienne en buste.*

Aquarelle.
Signée à droite.

Haut., 41 cent.; larg., 29 cent.

ROBERT
(KARL)

57 — *Une Allée dans la forêt.*

Dessin au crayon noir.
Signé à droite.

Haut., 43 cent.; larg., 31 cent.

SOMM
(HENRI)

58 — *Jeune femme pêchant à la ligne.*

Aquarelle.
Signée à droite.

Haut., 20 cent.; larg., 30 cent.

TASSAERT
(OCTAVE)

59 — *La Jeune mère.*

Dessin au crayon noir rehaussé de blanc.

Haut., 21 cent.; larg., 27 cent.

TITTO LESSI

60 — *Le Joueur de violoncelle.*

Aquarelle.
Signée à droite.

Haut., 43 cent.; larg., 27 cent.

VEYRASSAT
(JULES-JACQUES)

61 — *Les Chevaux de trait.*

Dessin au crayon noir et à l'estompe.
Signé à droite.

Haut., 25 cent.; larg., 36 cent.

VILLEGAS

62 — *Soldat oriental.*

Aquarelle.
Signée à gauche.

Haut., 51 cent.; larg., 35 cent.

WEISZ

63 — *Le Retour au logis.*

Aquarelle.
Signée à gauche.

Haut., 39 cent.; larg., 24 cent

WORMS
(JULES)

64 — *Conversation galante.*

Dessin au crayon noir.
Signé à gauche.

Haut., 23 cent.; larg., 29 cent.

YON
(EDMOND)

65 — *Nature morte.*

Pastel.
Signé à droite et daté : *91.*

Haut., 51 cent., larg., 69 cent.

ÉCOLE MODERNE

66 — *Les Pins.*

Dessin au crayon noir rehaussé de blanc.

Haut., 33 cent.; larg., 48 cent.

TABLEAUX MODERNES

ALHEIM

(Mme JEANNE LIMOSIN D')

67 — *Vénitienne enfilant des perles.*

Signé à droite et daté : *94*.

Toile. Haut., 62 cent.; larg., 39 cent.

ALHEIM

(Mme JEANNE LIMOSIN D')

68 — *Vue d'un port de mer.*

Signé à gauche.

Toile. Haut., 44 cent.; larg., 64 cent.

ALLONGÉ

(AUGUSTE)

69 — *Une Allée à Plombières.*

Signé à gauche.

Toile. Haut., 56 cent.; larg., 34 cent.

BAIL

(JOSEPH)

70 — *Le Cuisinier en veste rouge.*

Signé à gauche.

Toile. Haut., 24 cent.; larg., 20 cent.

BAIL
(JOSEPH)

71 — *Bouteille, tasse, raisin réunis sur une draperie de brocart.*

Signé à gauche.

Toile. Haut., 64 cent.; larg., 45 cent.

BAIL
(JOSEPH)

72 — *Reliquaire et coffret de bijoux.*

Signé à gauche.

Toile. Haut., 46 cent.; larg., 38 cent.

BARILLOT
(LÉON)

73 — *Le Pâturage.*

Signé à gauche.

Toile. Haut., 42 cent.; larg., 68 cent.

BARON
(HENRI)

74 — *Jeune Fille tenant une corbeille de fleurs.*

Signé à gauche.

Bois. Haut., 28 cent.; larg., 21 cent.

BENJAMIN CONSTANT

75 — *Jeune Fille en buste.*

Signé du cachet de l'atelier.

Toile. Haut., 70 cent.; larg., 52 cent.

BLANCHARD

(DEUX PENDANTS)

76 — *Narcisse.*

Signé en bas et à gauche.

77 — *Léda.*

Toiles. Haut., 65 cent.; larg., 1 m 68 cent.

BOGGS

(FRANCK)

78 — *Vue de Harfleur.*

Signé à gauche.

Toile. Haut., 48 cent.; larg., 64 cent.

BOIVIN

(ÉMILE)

79 — *Sur les bords de l'île de Rada, près le vieux Caire.*

Signé à gauche et daté : *1901.*

Toile. Haut., 43 cent ; larg., 61 cent.

BOIVIN

(ÉMILE)

80 — *Medinet-el-Fayoum (Haute-Egypte).*

Signé et daté : *1901.*

Toile. Haut., 43 cent.; larg., 59 cent.

BOIVIN

(ÉMILE)

81 — *Une Rue au Caire.*

Signé et daté : *1900.*

Toile. Haut., 45 cent.; larg., 32 cent.

BONVIN
(FRANÇOIS)
(DEUX PENDANTS)

82 — *La Peinture.*

83 — *La Sculpture.*

Signés et datés : *1883.*

Toiles. Haut., 1 m. 14 cent.; larg., 50 cent.

BOUDIN
(ÉMILE)
(DEUX PENDANTS)

84-85 — *Vases de Fleurs.*

Signés des initiales.

Toiles. Haut., 49 cent.; larg., 35 cent.

BRASCASSAT
(JACQUES-RAYMOND)

86 — *Ane chargé d'un bât.*

Toile. Haut., 31 cent.; larg., 37 cent.

CARAUD
(JOSEPH)

87 — *La Toilette.*

Signé et daté : *1861.*

Bois. Haut., 64 cent.; larg., 49 cent.

CHINTREUIL
(ANTOINE)

88 — *Le Chemin dans la plaine.*

Toile. Haut., 30 cent.; larg., 52 cent.

CICÉRI
(EUGÈNE)

89 — *Une Allée sous bois.*

Signé et daté : *1850.*

Bois. Haut., 27 cent.; larg., 41 cent.

CORCOS
(VICTOR)

90 — *La Jeune Fille au chapeau de paille.*

Signé en haut et à droite.

Toile. Haut., 42 cent.; larg., 28 cent.

CORCOS
(VICTOR)

91 — *La Lecture au bord de la mer.*

Signé à gauche.

Toile. Haut., 92 cent.; larg., 58 cent.

CORCOS
(VICTOR)

92 — *La Femme au papillon.*

Signé à droite.

Bois. Haut., 45 cent.; larg., 37 cent.

CORMON
(FERNAND)

93 — *La Femme au petit chien.*

Signé et daté : *1884.*

Toile. Haut., 57 cent.; larg., 35 cent.

COTTIN
(PIERRE)

94 — *Les Lapins de choux.*

Signé à droite et daté : *52.*

Toile. Haut., 32 cent.; larg., 40 cent.

DAMERON
(ÉMILE-CHARLES)

95 — *Le Gué.*

Signé à droite.

Toile. Haut., 76 cent.; larg., 49 cent.

DAUBIGNY
(KARL)

96 — *Les Bords de l'Oise.*

Signé et daté : *1882.*

Bois. Haut., 33 cent.; larg., 57 cent.

DAUBIGNY
(KARL)

97 — *Cour normande.*

Signé à gauche et daté : *1880.*

Bois. Haut., 38 cent.; larg., 55 cent.

DAUBIGNY
(KARL)

98 — *Les Peupliers.*

Signé à gauche.

Bois. Haut. 28 cent.; larg., 17 cent.

DELACROIX
(EUGÈNE)

99 — *Démosthène.*

Drapé dans un manteau rouge, il est debout au bord de la mer pour opposer sa déclamation au mugissement des flots.

Esquisse.

Toile. Haut., 42 cent.; larg., 32 cent.

DELPY
(HIPPOLYTE-CAMILLE)

100 — *Sur les bords de l'Oise.*

Signé à droite.

Bois. Haut., 30 cent., larg., 52 cent.

DEZAUNAY

101 — *Port de pêche.*

Signé à gauche.

Toile. Haut., 37 cent.; larg., 45 cent.

DIAZ
(NARCISSE)

102 — *Le Repos sous bois.*

Trois femmes sont réunies au pied de grands arbres, assises dans la forêt.

Signé à gauche.

Toile. Haut., 28 cent.; larg., 21 cent.

DINET

103 — *Une Fille de Laghouat.*

Signé à droite et daté : *1890.*

Toile. Haut., 45 cent.; larg., 37 cent.

DRAMARD

(GEORGES DE)

104 — *Fruits réunis à terre.*

Signé à droite.

Toile. Haut., 32 cent.; larg., 45 cent.

DUPRAY

(HENRI)

105 — *Les Grenadiers.*

Signé à droite.

Toile. Haut., 40 cent.; larg., 29 cent.

DUPRÉ

(VICTOR)

106 — *Ferme, moulins et pâturage.*

Bois. Haut., 16 cent.; larg., 40 cent.

DUPUIS

(PIERRE)

107 — *La Sirène.*

Signé et daté : *1897.*

Toile. Haut., 37 cent.; larg., 45 cent.

FALGUIÈRE
(ALEXANDRE)

108 — *Un Vase de Fleurs.*

Signé à gauche.

Toile. Haut., 62 cent.; larg., 50 cent.

FAUVELET
(JEAN-BAPTISTE)

109 — *Les Faisans.*

Signé à droite.

Bois. Haut., 24 cent.; larg., 18 cent.

FLAMENG
(AUGUSTE)

110 — *Bords de rivière.*

Signé à gauche.

Toile. Haut., 1 m. 40 cent.; larg., 2 m. 25 cent.

FRÈRE
(THÉODORE)

111 — *Le Pont de Choubrah.*

Signé à gauche.

Bois. Haut., 17 cent.; larg., 34 cent.

GAGLIARDINI
(GUSTAVE)

112 — *Une Rue de village.*

Signé à droite.

Toile. Haut., 32 cent.; larg., 45 cent.

GAGLIARDINI

(GUSTAVE)

113 — *Vue d'un canal.*

Signé à gauche.

Bois. Haut., 35 cent.; larg., 25 cent.

GALLAND

114 — *Figure allégorique.*

A droite, le cachet de l'atelier.

Peinture sur carton.

Haut., 70 cent.; larg., 37 cent.

GARAUD

(GUSTAVE)

115 — *Vue des Vaux de Cernay.*

Signé à droite.

Toile. Haut., 42 cent.; larg., 60 cent.

GOUPIL

(LÉON)

116 — *La Femme au béret rouge.*

Signé en haut et à droite.

Bois. Haut., 32 cent.; larg., 22 cent.

GRANSART

117 — *Cour de ferme.*

Signé et daté : *1904.*

Toile. Haut , 60 cent.; larg. 45 cent.

GRENET

(E.)

118 — *Les Moissonneurs.*

Signé à gauche.

Toile. Haut., 32 cent.; larg., 23 cent.

GRIMELUND

119 — *Une Ferme en Normandie.*

Signé à gauche.

Bois. Haut., 16 cent.; larg., 22 cent.

GUILLAUMIN

(ARMAND)

120 — *Maison au vieux Thoirette.*

Au pied d'un coteau, elle est construite à droite, avec son mur enduit de plâtre et ses tuiles.

Quatre arbres, au milieu et à gauche, formant allée. A gauche encore, une femme inclinée tire de l'eau dans un réservoir rectangulaire. Au pied des deux premiers arbres, deux troncs abattus. Partie d'ombre au premier plan.

Signé à droite en bas : *Guillaumin.*

Toile. Haut., 60 cent.; larg., 73 cent.

GUILLEMET

121 — *Cour normande.*

Signé à gauche.

Toile. Haut., 32 cent.; larg., 40 cent.

HALE
(P. L.)

122 — *L'Été.*

Signé à droite.

Toile. Haut., 1 m. 05 cent.; larg., 64 cent.

HÉBERT
(ERNEST)

123 — *Une Allée du parc de la Tronche.*

Effet d'automne.
Signé à droite.

Toile. Haut., 91 cent.; larg., 70 cent.

HENNER
(JEAN-JACQUES)

124 — *Étude de Jeune femme au torse nu.*

Signé en haut et à droite.

Toile. Haut., 22 cent.; larg., 19 cent.

HUGONNET
(ALEXIS)

125 — *Jeune Femme vue de dos.*

Signé et daté : *1902*.

Toile. Haut., 57 cent.; larg., 37 cent.

HUMBERT
(FERDINAND)

126 — *Nessus et Déjanire.*

Signé à droite.

Toile. Haut., 34 cent.; larg., 24 cent.

IWILL
(LÉON)

127 — *L'Heure du silence.*

Signé à droite.

Toile. Haut., 67 cent.; larg., 93 cent.

JACQUET
(GUSTAVE)

128 — *Étude de casque.*

Signé et daté : *1878*.

Toile. Haut., 55 cent.; larg., 46 cent.

JONGHE
(GUSTAVE DE)

129 — *La Promenade sur la plage.*

Signé à droite.

Bois. Haut., 58 cent.; larg., 84 cent.

LACROIX
(GASPARD)

130 — *Une Allée de parc.*

Signé à gauche.

Toile. Haut., 55 cent.; larg., 41 cent.

LAMBERT
(EUGÈNE)

131 — *Une Plage en Normandie.*

Signé à gauche.

Bois. Haut., 32 cent.; larg., 55 cent.

LAMBINET
(ÉMILE)

132 — *Vue de Grandcamp.*

Signé à gauche.

Bois. Haut., 25 cent.; larg., 45 cent.

LAMBINET
(ÉMILE)

133 — *Vue de Rouen.*

Signé des initiales et daté : *1833.*

Toile. Haut., 32 cent.; larg., 40 cent.

LANFANT DE METZ
(FRANÇOIS-LOUIS)

134 — *L'Offrande.*

Signé et daté : *1860.*

Toile. Haut., 72 cent.; larg., 58 cent.

LAURENS
(JULES)

135 — *Souvenir d'Anatolie (Asie-Mineure).*

Signé à gauche.

Toile. Haut., 88 cent.; larg., 1 m. 15 cent.

LAVIEILLE
(EUGÈNE)

136 — *Le Village sous la neige.*

Effet de soleil couchant.
Signé à droite.

Bois. Haut., 23 cent.; larg., 31 cent.

LAVIEILLE
(EUGÈNE)

137 — *Cours d'eau sous bois.*

Peinture sur carton.
Signée à droite.

Haut., 37 cent.; larg., 23 cent.

LEBOURG
(ALBERT)

138 — *Rive de Seine.*

Large paysage de ciel et d'eau, par un beau jour coloré, qui fait le fleuve d'un bleu tendre et le nuage d'un rose plus fin.

A gauche, une berge herbeuse avec un mur et un pignon de petite maison ; au pied, une frise de verdure, d'où émergent quelques peupliers.

Plus loin, une ligne de coteaux, roses, verts et ocreux.

Loin à gauche, une île rousse sur le tournant du fleuve.

Signé à gauche en bas : *A. Lebourg.*

Toile. Haut., 47 cent.; larg., 73 cent.

LÉVY
(ÉMILE)

139 — *La Petite Italienne.*

Signé à gauche et daté : *1862.*

Bois. Haut , 40 cent.; larg., 26 cent.

LÉVY
(HENRI-MICHEL)

140 — *Une Vente à l'Hôtel Drouot.*

Importante composition représentant des portraits d'amateurs et d'antiquaires.

Signé à gauche.

Toile. Haut., 1 mètre ; larg., 1 m. 32 cent.

(*A figuré au Salon.*)

MAISIAT
(JOANNY)

141 — *Pêche et raisin.*

Signé à droite.

Bois. Haut., 22 cent.; larg., 30 cent.

MARCK
(ÉMILE VAN)

142 — *Ruisseau sous bois.*

A gauche le cachet de l'atelier.

Peinture sur carton.

Haut., 32 cent.; larg., 25 cent.

MATHEY
(PAUL)

143 — *Fruits, fleurs et nature morte.*

Signée en haut et à droite.

Toile. Haut., 78 cent.; larg., 98 cent.

MEIFREN
(E.)

144 — *Village au bord d'un cours d'eau.*

Signé à droite.

Toile. Haut., 80 cent.; larg., 1 m. 28 cent.

MÉRINO
(IGNACIO)

145 — *Jeune Femme en buste.*

Signé en haut et à droite.

Toile. Haut., 55 cent.; larg., 45 cent.

MÉRY
(ALFRED)

146 — *Le Geai et le Papillon.*

Toile. Haut., 32 cent.; larg., 16 cent.

MÉRY
(ALFRED)

147 — *Poule et Coq.*

Signé et daté : *1880.*

Toile. Haut., 46 cent., larg., 37 cent.

MOLS
(ROBERT)

148 — *Canard, légumes et marmite en terre.*

Toile. Haut., 68 cent.; larg., 1 m. 37 cent.

MOLS
(ROBERT)

149 — *Fruits, faience de Delft et tapis d'Orient.*

Toile. Haut., 68 cent.; larg., 1 m. 37 cent.

MOLS
(ROBERT)

150 — *Vase, pots et bourriche de fleurs.*

Toile. Haut., 68 cent.; larg., 1 m. 37 cent.

MONTENARD
(FRÉDÉRIC)

151 — *Paysage de Provence.*

Signé à gauche.

Bois. Haut., 36 cent.; larg., 45 cent.

MONTICELLI

152 — *Faust et Marguerite.*

Signé à droite.

Bois. Haut., 45 cent.; larg., 31 cent.

MONTICELLI

153 — *Femmes et Enfants.*

Signé à gauche.

Bois. Haut., 33 cent.; larg., 28 cent.

MONTICELLI

154 — *Jeunes Femmes réunies dans un parc.*

Signé à gauche.

Bois. Haut., 22 cent.; larg., 32 cent.

MURATON
(Mme EUPHÉMIE)

155 — *Prunes et tranches de melon.*

Signé à gauche.

Toile. Haut., 30 cent.; larg., 48 cent.

PALIZZI

156 — *Les Bergers romains.*

Signé à droite.

Bois. Haut., 14 cent.; larg., 25 cent.

PASINI
(ALBERT)

157 — *Le Marché arabe.*

Signé à droite et daté : *1888.*

Toile. Haut, 22 cent ; larg., 16 cent.

PELLEGRINI
(LOUIS)

158 — *La Récréation.*

Signé à gauche.

Toile. Haut., 23 cent.; larg., 44 cent.

PEZANT
(AYMÉ)

159 — *Vaches au pâturage.*

Signé à droite.

Bois. Haut., 32 cent.; larg., 40 cent.

PICOU
(HENRI-PIERRE)

160 — *Jeune Femme lutinée par des amours.*

Signé à gauche.

Toile. Haut., 40 cent.; larg., 32 cent.

PISSARRO
(CAMILLE)

161 — *Vue de Louveciennes.*

Signé et daté : *1870.*

Toile. Haut., 36 cent.; larg., 55 cent.

PORTO

162 — *La Moisson.*

Signé à gauche.

Toile. Haut., 24 cent.; larg., 32 cent.

QUOST
(ERNEST)

163 — *Orange, verre et vase de cuivre.*

Signé des initiales.

Toile. Haut., 40 cent.; larg., 50 cent.

QUOST
(ERNEST)

164 — *Vase de giroflées.*

Signé des initiales.

Toile. Haut., 40 cent.; larg., 55 cent.

QUOST
(ERNEST)

165 — *Fleurs et vase de cuivre.*

Signé des initiales.

Toile. Haut., 40 cent.; larg., 55 cent.

QUOST
(ERNEST)

166 — *Grenade et plat de faïence.*

Signé des initiales.

Toile Haut., 40 cent.; larg., 50 cent.

RIBARZ

167 — *La Chaumière à l'entrée du bois.*

Signé à gauche.

Bois. Haut., 30 cent.; larg., 40 cent.

ROCHEGROSSE

168 — *Mélancolie.*

Signé en haut et à droite.

Toile. Haut., 43 cent.; larg., 30 cent.

ROYBET
(FERDINAND)

169 — *Le Bouffon à la coupe.*

Signé à droite.

Toile. Haut., 45 cent.; larg., 37 cent.

ROYBET
(FERDINAND)

170 — *Portrait de Gustave Goetschy.*

Signé en haut et à gauche.

Bois. Haut., 80 cent.; larg., 64 cent.

TROUILLEBERT

171 — *Un Canal à Venise.*

Signé à gauche.

Bois. Haut., 39 cent.; larg., 22 cent.

VERNET
(HORACE)

172 — *Portrait de l'artiste.*

Toile. Haut., 30 cent.; larg., 24 cent.

VÉRY
(E.)

173 — *Le Fils du Pêcheur.*

Signé et daté : *1897.*

Toile. Haut. 32 cent.; larg., 45 cent.

VILLEVIEILLE

174 — *Le Village dans la plaine.*

Signé à droite.

Toile. Haut., 20 cent.; larg., 30 cent.

WEISS
(JOSÉ)

175 — *La Route à travers champs.*

Signé et daté : *1839.*

Toile. Haut., 62 cent.; larg., 92 cent.

WILLEMS
(F.)

176 — *La Promenade au jardin.*

Signé à droite.

Bois. Haut., 32 cent.; larg., 21 cent.

177 — Sous ce numéro, qui sera divisé, seront vendus des Dessins et Tableaux non catalogués.

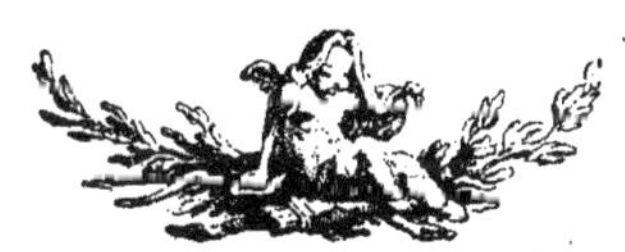

www.ingramcontent.com/pod-product-compliance
Ingram Content Group UK Ltd.
Pitfield, Milton Keynes, MK11 3LW, UK
UKHW021100270726
13994UKWH00009B/1714